ZOOM SUR L'AÉROPORT

Céline Claire
Sandrine Lamour

Millepages

INTRODUCTION

**De tout temps, les hommes ont toujours rêvé de savoir voler.
En 1890, l'ingénieur français Clément Ader a inventé un engin motorisé capable de décoller du sol.
En 1909, Louis Blériot, un aviateur, français lui aussi, a été le premier à traverser la Manche en volant !
Il a ensuite créé et fabriqué de nombreux modèles d'avions dans ses usines.**

Aujourd'hui, les progrès de l'aviation permettent de classer cet engin comme le moyen de transport le plus sûr.

Pour déplacer des voyageurs ou des marchandises sur de longues distances, l'avion est aussi le moyen de transport le plus rapide !

On compte environ 102 000 vols par jour dans le monde, ce qui pose de gros problèmes pour l'environnement.
En effet, l'avion est un moyen de transport polluant : son carburant, appelé kérosène, rejette beaucoup de gaz à effet de serre quand il est brûlé dans les moteurs, contribuant ainsi au réchauffement de notre planète.

L'industrie de l'aéronautique réfléchit à plusieurs solutions pour réduire la pollution, notamment avec d'avions électriques. Mais le chemin est encore long pour trouver comment recycler toutes les batteries usagées qui seront nécessaires au vol !

Les aéroports aussi se sont modernisés au fil des ans.

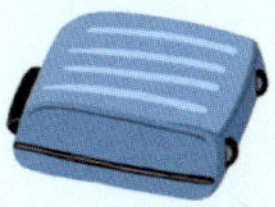

Le premier aéroport qui voit le jour en France est le Bourget, construit en 1919.
C'est ici que s'est posé l'avion de Charles Lindbergh, un aviateur américain qui s'était donné pour défi de relier New York à Paris.

Au départ, les aéroports étaient construits tout près des villes, mais désormais, il semble plus judicieux de les éloigner des agglomérations afin de préserver les habitants de la pollution sonore et environnementale.
Aujourd'hui, on dénombre plus de 3 500 aéroports dans le monde. À ce chiffre s'ajoutent les aéroports militaires.

Au fil des pages de ce livret, tu entreras dans les coulisses d'un aéroport et tu découvriras comment se déroule un voyage en avion. Avec ses textes courts et ses illustrations que tu pourras compléter par les gommettes, il deviendra ton parfait compagnon pour ton prochain voyage en avion !

C'est le départ !

Chaque matin, l'aéroport accueille les voyageurs du jour.
Certains prendront un avion pour se rendre dans une autre région de France.
D'autres ont réservé un vol international : leur avion les emmènera dans un pays étranger.
L'avion permet d'aller plus vite que d'autres moyens de transport !

Il faut arriver à l'aéroport très en avance pour le contrôle d'identité et l'enregistrement des bagages. Ces formalités prennent du temps !

Tout d'abord, le voyageur se rend au comptoir d'enregistrement de son vol. Il présente sa carte d'identité ou son passeport, et sa réservation.

- **Remplis de valises le chariot de transport.**
- **Donne le sac à dos à l'enfant : il peut le garder avec lui dans l'avion.**

Dans l'avion, chaque voyageur a le droit de garder un petit sac avec lui.

Ses autres bagages sont étiquetés, puis ils partent sur un tapis roulant et sont passés aux rayons X afin de vérifier qu'ils ne contiennent pas de produits dangereux.

Les valises sont ensuite triées en fonction de leur destination.

En attendant son avion

Avant de se rendre dans la salle d'attente, chaque voyageur doit passer les contrôles de sécurité. Il dépose son sac et tous ses objets métalliques (clés, bijoux, ceinture…) dans une caisse qui est passée aux rayons X. Ainsi, le personnel de l'aéroport peut s'assurer que chaque personne ne transporte pas d'objets dangereux : couteau, produits inflammables…

Le voyageur avance ensuite sous le portique : s'il sonne, c'est qu'il a oublié dans ses poches une pièce de monnaie ou son téléphone par exemple.

Quand les contrôles sont terminés, les voyageurs peuvent s'installer en salle d'attente, devant leur porte d'embarquement. Elle donne sur le tarmac : c'est la zone où sont stationnés les avions.

Ça y est, les voyageurs sont appelés à embarquer !

Ils présentent leur billet et leur carte d'identité ou leur passeport au personnel d'accueil, puis ils empruntent un long couloir qui les mènera directement à l'avion. S'il est stationné trop loin sur le tarmac, c'est une navette qui emmène les voyageurs.

- **Colle les numéros sur les portes d'embarquement.**
- **Place un voyageur sous le portique de sécurité.**
- **Installe la famille sur les sièges de la salle d'attente.**

Sur le tarmac

Sur le tarmac, une équipe est chargée de vérifier l'état des pistes.
Avant d'autoriser les voyageurs à embarquer, une autre équipe prépare l'avion : les mécaniciens effectuent les derniers contrôles, le plein de carburant est fait.
Autour de l'avion, les responsables des bagages, appelés bagagistes, les montent et les installent dans le coffre de l'avion, appelé la soute, à l'aide de chariots élévateurs.
Ils chargent aussi les plateaux-repas, les boissons… tout ce qui sera nécessaire au bien-être des passagers et du personnel durant le trajet.

- Colle la navette qui emmène les autres voyageurs vers l'avion au loin.
- Place la citerne de carburant sous l'aile du gros avion.
- Donne au mécanicien sa caisse à outils.

Parfois, des bagages peuvent être oubliés sur le tarmac :
ils ne décollent donc pas avec les passagers, mais ne t'inquiète pas,
la compagnie aérienne se charge de les envoyer par un autre avion le plus rapidement possible.

Dans l'avion

Les voyageurs sont accueillis dans la cabine de l'avion par une hôtesse ou un steward qui leur indique leur place. Les plus chanceux seront assis côté hublot et pourront voir le paysage.

Avant le départ, les consignes de sécurité sont expliquées. Le personnel de l'avion montre également les sorties de secours et explique où se trouvent les gilets de sauvetage et les masques à oxygène, et comment s'en servir.

À l'avant, dans le poste de pilotage appelé cockpit, s'installent deux personnes. Le pilote responsable du vol s'appelle le commandant de bord.
Le copilote vérifie que tout va bien et communique avec la tour de contrôle.
Auparavant, derrière eux, le mécanicien vérifiait qu'il n'y avait aucun problème technique, mais ce métier n'existe pratiquement plus et ces tâches sont maintenant réalisées par des machines.

- Place l'hôtesse au milieu du couloir pour qu'elle puisse expliquer les consignes de sécurité.
- Positionne les sacs des voyageurs dans les compartiments au-dessus des sièges.

La tour de contrôle, le travail des contrôleurs aériens

Dehors, le personnel prépare le décollage. Les agents de piste signalent au pilote, à l'aide de deux bâtons lumineux, les manœuvres à faire pour positionner correctement l'avion sur le tarmac.
Chaque aéroport dispose d'une ou de plusieurs tours de contrôle chargées de gérer les vols.
Les contrôleurs aériens, appelés aussi aiguilleurs du ciel, surveillent les déplacements des avions au sol et dans les airs. Ils donnent l'autorisation de décollage ou d'atterrissage aux pilotes et les assistent pendant le vol. Par exemple, ils disent au commandant de bord à quelle altitude s'élever afin de ne pas entrer en collision avec un autre avion.
Le commandant de bord peut également leur signaler un problème durant le vol.
Sur les écrans radars, les contrôleurs suivent constamment les trajets des avions.

A02 MADRID AF 2312 09H40
A03 NEW YORK HO 1807 10H20
BOEING 737

B5

- Colle la tour de contrôle.
- Place les deux bâtons lumineux entre les mains de l'agent de piste.
- Place un avion au loin qui termine son décollage.

Le décollage

Quand les consignes de sécurité sont données,
et que les ceintures sont attachées, l'avion peut décoller !
L'engin avance et se positionne correctement sur sa piste de décollage.

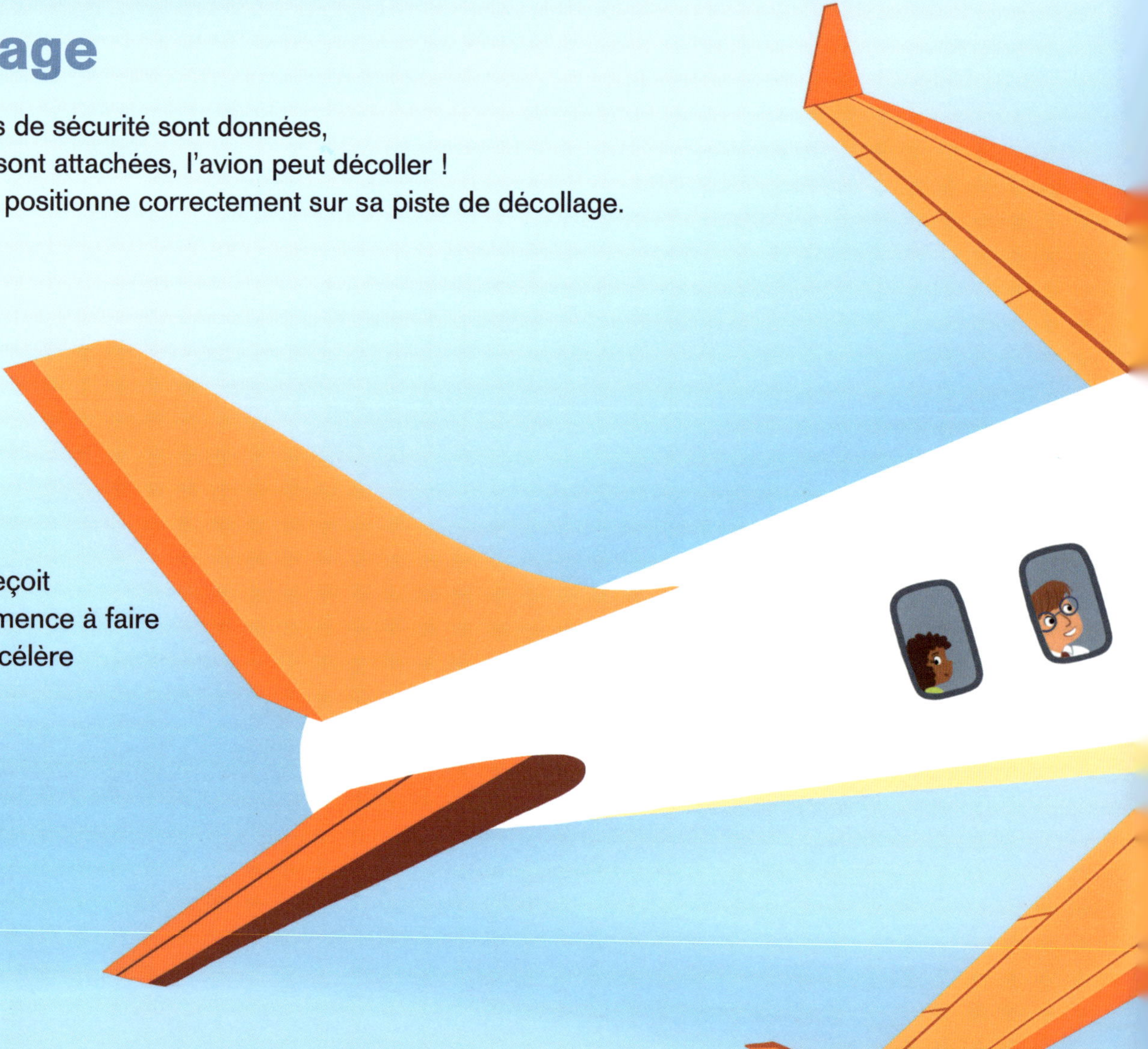

Quand le pilote en reçoit l'autorisation, il commence à faire avancer l'avion et accélère progressivement.

Les moteurs à réaction, appelés réacteurs, aspirent l'air et le rejettent par l'arrière.
L'avion peut ainsi atteindre rapidement une grande vitesse.
La forme des ailes permet à l'air de passer par-dessus, créant une dépression : l'avion est aspiré vers le haut, et peut ainsi se soulever du sol !

- Colle les hublots des passagers de l'avion et colle les hublots du cockpit.
- Décore l'avion avec les numéros et les logos de la compagnie aérienne.

Les roues de l'avion, qui forment ce qu'on appelle le train d'atterrissage, sont rentrées. L'avion monte à environ 10 000 mètres d'altitude et vole à une vitesse moyenne de 900 km/h.

Dans l'avion, les passagers avalent leur salive ou sucent un bonbon : cela leur évite d'avoir mal aux oreilles. En effet, la soudaine différence de pression peut faire gonfler les tympans.

Dans le ciel

Dès que l'avion est bien positionné dans le ciel, les voyants s'éteignent : les passagers et le personnel peuvent détacher leur ceinture.

Si le vol est long, tout est prévu dans l'avion pour passer un moment agréable : chaque voyageur a à sa disposition un écran où il pourra regarder des films. Un repas ou un en-cas est servi par les hôtesses et les stewards qui s'assurent du bien-être des passagers.

Des coussins et des couvertures sont à disposition des voyageurs.

Dans le cockpit, les pilotes ne quittent pas des yeux les écrans de contrôle.
Grâce à ces écrans, même en cas de mauvais temps, ils savent exactement où se diriger.
Leurs micros leur permettent de communiquer avec la tour de contrôle et de donner des informations à leurs passagers.

Les avions parcourent parfois des milliers de kilomètres et traversent plusieurs fuseaux horaires.
Si un avion décolle de Paris pour New York à 10 h 30, il arrivera après un vol de 8 h 30.
Pourtant, il ne sera que 13 heures lors de son atterrissage !

- **Complète le tableau de bord des pilotes.**
- **Place la casquette sur la tête du commandant de bord.**
- **Ajoute les emblèmes de ces deux villes.**

L'atterrissage

Une demi-heure avant l'arrivée, c'est le moment de préparer l'atterrissage.
À proximité de l'aéroport d'arrivée, les avions font parfois la queue dans le ciel avant d'atterrir !
Le commandant de bord doit attendre le signal de la tour de contrôle.
Il informe ensuite ses passagers qui doivent de nouveau boucler leur ceinture de sécurité.
Le pilote repère au sol les balises, ces lumières qui lui indiquent la trajectoire qu'il devra suivre pour poser l'avion sur la piste. Puis il réduit la puissance des moteurs et commence la descente.
Le train d'atterrissage est sorti. Au moment où les roues touchent la piste,
les aérofreins sont déployés automatiquement. Ce sont des panneaux situés sur les ailes qui se soulèvent et ralentissent l'avion qui finit par s'arrêter complètement.

Les passagers peuvent alors se lever et quitter l'avion afin de rejoindre le terminal de l'aéroport.
Il restera à passer les contrôles de la douane pour les vols internationaux, et à récupérer les bagages.
Certains voyageurs ne sont pas encore arrivés : ils doivent prendre un autre avion pour arriver à destination. On dit qu'ils sont en transit.

- Balise la piste d'atterrissage avec les lumières rouges.
- Sors le train d'atterrissage.
- Au sol, place un avion déjà arrivé.

Les modèles d'avion

Les avions ne transportent pas que des voyageurs : certains engins, appelés avions cargo, transportent uniquement des marchandises et du matériel.

Pour le transport des passagers, les avions de ligne utilisés dépendent de la longueur du trajet : les long-courriers sont des vols de plus de 5 000 km.
Les vols moyen-courriers sont ceux qui parcourent entre 500 et 5 000 km.

Pour ces deux catégories de vols, les avions les plus courants sont les Boeing 737 et 747 qui peuvent transporter environ 450 passagers.

- Ajoute l’avion manquant.
- Place l’hélice sur le dernier avion.

L’Airbus A380, un avion européen, peut transporter jusque 850 passagers.

Pour les court-courriers, des avions à hélices sont utilisés. Ils transportent environ 70 passagers.

Les aéroports du monde

En France, l'aéroport le plus important est celui de Paris-Charles de Gaulle qui gère 1 000 décollages et atterrissages par jour. L'aéroport le plus fréquenté est celui d'Hartsfield-Jackson, à Atlanta aux États-Unis, avec 72,2 millions de passagers accueillis en 2018.
Voici quelques aéroports remarquables :

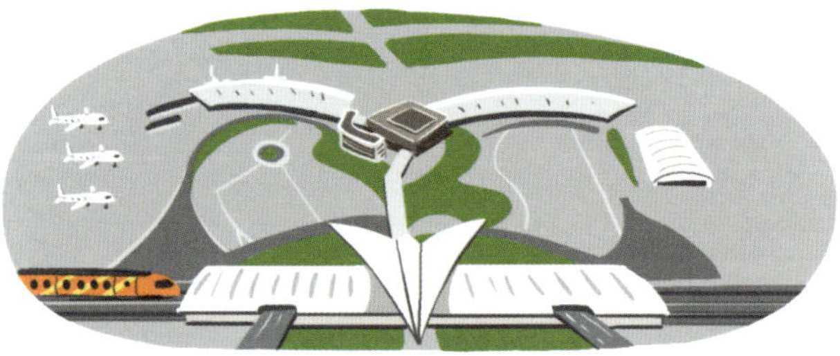

En France, l'aéroport Saint-Exupéry de Lyon possède sa propre gare TGV.

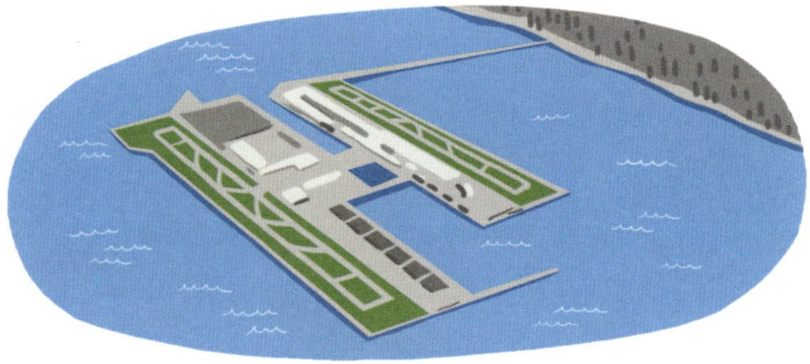

Au Japon, l'aéroport international du Kansai a été construit sur une île artificielle.

L'aéroport de Changi, à Singapour, possède des jardins, des salles de jeux, des hôtels, une piscine, et même une cascade !

En Écosse, sur l'île de Barra, les pistes sont sur la plage, et utilisables seulement à marée basse.

En Antarctique, la piste de l'aéroport Ice Runway est faite de glace, puisqu'il se trouve sur la banquise. On ne peut l'utiliser qu'à la saison froide, avant que la glace ne commence à fondre !

Anime cet aéroport grâce aux gommettes restantes.

TABLE DES MATIÈRES

ISBN : 978-2-84218-492-6
Imprimé en Pologne
Dépôt légal : octobre 2021
Loi n°49-956 du 16 juillet 1949 sur les publications destinées à la jeunesse